SOCIÉTÉ D'ENCOURAGEMENT

POUR L'INDUSTRIE NATIONALE,

fondée en 1801,

RECONNUE COMME ÉTABLISSEMENT D'UTILITÉ PUBLIQUE PAR ORDONNANCE DU 21 AVRIL 1824,

Rue Bonaparte, 44, à Paris.

RAPPORT

FAIT

PAR M. LISSAJOUS

AU NOM DES COMITÉS DES ARTS ÉCONOMIQUES ET MÉCANIQUES, ET DE LA COMMISSION DES BEAUX-ARTS

APPLIQUÉS A L'INDUSTRIE

SUR LE

GRAND ORGUE DE SAINT-SULPICE, A PARIS

RECONSTRUIT

Par M. Aristide CAVAILLÉ-COLL

Rue de Vaugirard, 94 et 96, à Paris.

Paris

IMPRIMERIE DE MADAME VEUVE BOUCHARD-HUZARD

RUE DE L'ÉPERON, 5.

1865

SOCIÉTÉ D'ENCOURAGEMENT

POUR L'INDUSTRIE NATIONALE,

fondée en 1801,

RECONNUE COMME ÉTABLISSEMENT D'UTILITÉ PUBLIQUE PAR ORDONNANCE DU 21 AVRIL 1824,

Rue Bonaparte, 44, à Paris.

RAPPORT

FAIT

PAR M. LISSAJOUS

AU NOM DES COMITÉS DES ARTS ÉCONOMIQUES ET MÉCANIQUES, ET DE LA COMMISSION DES BEAUX-ARTS
APPLIQUÉS A L'INDUSTRIE

SUR LE

GRAND ORGUE DE SAINT-SULPICE, A PARIS

RECONSTRUIT

Par M. Aristide CAVAILLÉ-COLL

Rue de Vaugirard, 94 et 96, à Paris.

Messieurs, le Conseil de la Société a été saisi, à plusieurs reprises, par
M. Cavaillé-Coll, de diverses communications relatives à des perfectionnements importants introduits par lui dans la facture des orgues d'église. Vos
comités ont dû attendre, pour se prononcer, que l'expérience ait décidé sur
la valeur pratique de quelques-unes de ces inventions. Aujourd'hui
l'épreuve est complète, et le grand orgue de Saint-Sulpice, soumis par
M. Cavaillé à notre examen, nous offre, dans un ensemble monumental,
le type le plus complet des progrès réalisés par cet artiste dans la construction des orgues. Vos comités, après avoir suivi ce travail dans ses diverses

1

phases, ont pu constater la réussite complète du facteur. Une expérience de plus d'une année a consacré le succès des mécanismes nouveaux introduits par lui dans son instrument, et nous pouvons, aujourd'hui, vous apporter avec confiance le résultat de notre appréciation.

L'orgue de Saint-Sulpice, construit dans le courant du siècle dernier par le célèbre Cliquot et inauguré le 17 mai 1781, avait été l'objet de diverses réparations, lorsque M. Cavaillé fut chargé, en 1857, de remettre cet instrument au niveau des progrès les plus récents accomplis dans la facture. M. Cavaillé, au lieu de se borner à une simple restauration, comprit qu'il n'atteindrait le but que par une reconstruction complète. Il ne conserva donc de l'ancien instrument que les matériaux, c'est-à-dire les sommiers et les tuyaux. Mais les sommiers, modifiés dans leur distribution, ne diffèrent aujourd'hui des sommiers neufs que par les avantages incontestables résultant de l'emploi d'un bois âgé de trois quarts de siècle. Les tuyaux, par suite du changement de diapason, ont dû être modifiés dans leurs proportions, remis en harmonie, et, si le métal qui les compose est encore l'alliage fondu par Cliquot, la voix qu'ils font entendre est l'œuvre de M. Cavaillé-Coll. La disposition intérieure de l'orgue a été également modifiée de fond en comble; il ne reste donc de l'ancien instrument que quelques matériaux habilement mis en œuvre, et le souvenir du succès mérité que cet orgue obtint lors de sa première inauguration.

Parmi les problèmes qu'offre la construction d'un orgue d'église, un des plus difficiles à résoudre est celui qui consiste à disposer, dans un espace relativement restreint, les organes nombreux et variés de cette gigantesque machine, de façon qu'on puisse la visiter sans difficultés, porter remède aux dérangements qu'un mécanisme aussi compliqué est exposé à subir. Ce problème, M. Cavaillé-Coll l'a résolu à Saint-Sulpice de la façon la plus heureuse.

Au lieu de concentrer tous les organes de l'instrument dans la partie inférieure du buffet, comme on l'avait fait auparavant, il les a répartis méthodiquement dans toute la hauteur, et, pour gagner encore de l'espace, il a même utilisé le dessus du buffet, où il a placé la boîte du récit expressif, qui renferme à elle seule vingt-deux jeux. L'instrument a été divisé par des planchers intermédiaires en sept étages distincts, depuis le sol de la tribune jusqu'à la voûte de l'église. Parmi ces étages, le troisième, le cinquième et le septième sont affectés à la partie acoustique de l'instrument, c'est-à-dire aux sommiers portant les tuyaux ; les étages intermédiaires et les deux étages inférieurs sont occupés par les mécanismes moteurs et les diverses parties de la soufflerie. C'est grâce à ces dispositions que M. Cavaillé a pu faire tenir à l'aise un instrument de cent jeux dans un buffet construit primitivement pour soixante-quatre , dont plusieurs n'occupaient pas toute l'étendue du clavier, et y ajouter encore un nombre considérable de mécanismes nouveaux, tout en conservant, dans l'instrument, un ordre parfait et un accès facile, conditions si nécessaires à son entretien et à sa conservation. M. Cavaillé a même pu trouver place, dans le grand buffet, pour dix-huit jeux qui occupaient primitivement le buffet de positif où sont placés aujourd'hui les claviers.

M. Cavaillé a employé à Saint-Sulpice les perfectionnements qu'il avait déjà appliqués dans des instruments antérieurs, et notamment dans l'orgue de Saint-Vincent-de-Paul, examiné en 1854 par le comité des arts mécaniques (M. Calla, rapporteur) (1) : ainsi la soufflerie présente plusieurs pressions de vent, variant de 10 à 15 centimètres ; les basses et les dessus de l'instrument, dans chaque jeu, sont alimentés par l'air à des pressions différentes, seul moyen d'avoir à la fois la rondeur dans les basses et le mordant dans les dessus. Les sommiers sont à double laie avec soupapes de distribution du vent mues par des pédales de combinaison, ce qui permet de faire parler les jeux de fond et les jeux d'anches séparément ou ensemble sans que leur sonorité soit altérée. Les jeux harmoniques, introduits par M. Cavaillé dans la facture moderne, sont largement représentés dans cet orgue ; enfin on y trouve l'application la plus étendue de tous les procédés dont M. Cavaillé a enrichi l'art du facteur et qu'il a depuis longtemps livrés au domaine public. Mais ce que nous avons surtout à signaler, ce sont les moyens nouveaux dont ce facteur a fait usage dans cet instrument, et d'abord la règle pratique employée par lui pour déterminer les proportions exactes de chaque jeu, règle dont il a fait usage depuis assez longtemps avant de la publier.

Dans les anciennes orgues, les tuyaux étaient coupés d'abord à une certaine longueur, d'après des diapasons établis expérimentalement, puis ensuite, pour les mettre au ton, il fallait les raccourcir petit à petit jusqu'à l'accord exact, et, comme, d'ailleurs, ils avaient été préalablement embouchés de façon à parler d'une manière satisfaisante, ce travail nouveau en modifiait les proportions et en altérait le timbre, l'accordeur faisait le reste,

---

(1) Voir *Bulletin* de 1854, 2ᵉ série, t. I, p. 329.

et il résultait de là une inégalité de timbre souvent choquante, surtout quand ce travail de patience était exécuté par un ouvrier négligent ou inexpérimenté.

M. Cavaillé a donné à la coupe des tuyaux une précision telle que ce travail est réduit à une œuvre purement mécanique, qu'un simple apprenti peut exécuter avec la règle, le compas et la scie. Pour comprendre le principe de cette méthode, il est nécessaire d'entrer ici dans quelques détails d'acoustique. Les travaux de Daniel Bernouilli ont établi la relation qui existe entre la longueur d'un tuyau, le nombre de vibrations du son qu'il doit rendre, et la vitesse de propagation du son dans le gaz au sein duquel le tuyau doit parler. Cette longueur, pour un tuyau ouvert aux deux bouts, est égale à la vitesse du son divisée par le nombre de vibrations simples exécutées dans une seconde par le tuyau. Cette loi, très-sensiblement vraie pour un tuyau embouché à plein orifice, comme, par exemple, un tube dans lequel on souffle à distance, ou qu'on met en vibration en choquant brusquement son orifice avec la paume de la main, devient inexacte dans un tuyau à bouche tel qu'on les emploie dans les orgues. L'orifice inférieur, étant masqué en partie par le pied du tuyau, celui-ci rend un son plus grave que le son déduit de la loi de Bernouilli; donc, si on veut l'accorder au ton voulu, il ne faut pas lui donner pour longueur le quotient de la vitesse du son par le nombre de vibrations, quotient qui n'est autre que la longueur d'onde simple correspondant au son donné; mais il faut diminuer cette longueur d'une certaine quantité. C'est là une correction inévitable, que la connaissance la plus élémentaire des lois de l'acoustique ferait prévoir, si l'expérience ne la constatait de la façon la plus évidente, mais dont la pratique seule peut donner dans chaque cas la valeur exacte.

Cette correction doit, en effet, dépendre de la forme de la section donnée au tuyau, de la disposition de l'embouchure, de la pression du vent, et paraît donc, *à priori*, devoir être assez compliquée. Divers expérimentateurs, et notamment Wertheim et Masson, ont fait, sur ce sujet, des études intéressantes, mais qui n'ont pas donné de résultat dont la facture ait pu tirer parti. M. Cavaillé-Coll, se restreignant exclusivement aux conditions de la pratique, a donné une règle qui n'est évidemment applicable qu'aux tuyaux d'orgue, tels qu'on les construit aujourd'hui, embouchés de façon à parler nettement sous les pressions de vent en usage. Mais cette règle, par cela même qu'elle ne s'applique qu'aux seuls cas réalisés dans la facture des orgues, est d'une simplicité extrême, et d'une application facile. Voici en quoi elle consiste : de la longueur calculée par la règle de Bernouilli, on retranche, dans le cas de tuyaux à section rectangulaire, le double de la profondeur du tuyau, et, dans le cas des tuyaux cylindriques, les 5/3 du diamètre. Ainsi coupé, le tuyau est si près du ton, qu'il est à peine nécessaire de le retoucher à l'aide de l'accordoir ou des oreilles. Pour le cas des tuyaux bouchés, on prend, au lieu de la longueur d'onde simple, la demi-longueur d'onde correspondant au son du tuyau.

M. Cavaillé a également apporté dans la construction des tuyaux ouverts une modification importante, qui a l'avantage d'en rendre le son plus puissant, l'accord sur place plus commode, plus fixe, et d'éviter les déformations que la pression de l'ancien accordoir faisait parfois subir aux tuyaux eux-mêmes.

On avait reconnu, antérieurement, que la sonorité des tuyaux ouverts est notablement modifiée quand on perce, à une petite distance de l'ouverture supérieure, un trou d'un diamètre à peu près égal au tiers du diamètre du tuyau. Cette modification de timbre fit imaginer un jeu nouveau, qui fut même importé en France, pour la première fois, dans l'orgue de Saint-Sulpice, sous le nom de *kéraulophone*. L'origine du premier emploi de ce moyen pour modifier le timbre des tuyaux n'est pas nettement établie. Il y a longtemps, du reste, que l'influence des ouvertures latérales sur le timbre des tuyaux a été constatée sur les tuyaux de montre, dont on raccourcit la colonne d'air par des ouvertures intérieures, qui laissent à la partie visible du tuyau la longueur exigée par l'architecture du buffet. Mais l'application d'un trou unique pratiqué à une petite distance de l'extrémité, à la manière du premier trou de la flûte, est due probablement à MM. Marcussen et Reuter, facteurs à Apenrade, en Danemark. C'est sur leur indication que M. Walker, célèbre facteur allemand, l'a appliqué, et il a transmis ces indications à MM. Batz et Witte, facteurs du roi en Hollande, qui en ont fait usage pour les jeux de gambe et salicional, dès l'année 1848. M. Hill, de son côté, transmit à M. Cavaillé, dès 1846, le diapason d'un jeu de cette nature qu'il appelait *hohlflœte*. Ce moyen était donc connu des facteurs.

On avait même employé, au lieu d'un simple trou, une ouverture rectangulaire ; au lieu de détacher complétement la lame de métal qu'il fallait enlever au tuyau, on se contentait de la séparer sur trois côtés seulement, et de la rouler de manière à la rabattre extérieurement en forme de bourrelet cylindrique sur le côté horizontal inférieur. De cette manière, en déroulant ou en roulant le bourrelet d'une très-petite quantité, il devenait facile de masquer ou démasquer la base de l'ouverture, et de modifier, dans les limites nécessaires, l'accord primitif du tuyau. Seulement, pour que ce moyen donnât des résultats satisfaisants, il fallait déterminer avec grande précision la position et les dimensions exactes de l'ouverture.

C'est en cela que consiste la part personnelle de M. Cavaillé, et elle est d'autant plus importante qu'elle a permis de généraliser ce moyen, et de l'appliquer à tous les jeux, sans en modifier, outre mesure, le timbre, et en leur donnant plus de mordant, de puissance et de netteté dans l'articulation.

La règle adoptée par M. Cavaillé est analogue à celle que nous avons citée plus haut pour les tuyaux ouverts simplement à l'extrémité. Cette règle consiste, dans le cas des tuyaux cylindriques, à donner au corps du tuyau la longueur exacte de l'onde diminuée des 2/3 du diamètre, puis à prendre, à partir de l'extrémité, une distance égale au diamètre; on a ainsi le point de départ de l'ouverture, que l'on étend dans le sens de la longueur du tuyau à une distance égale aux 2/3 du diamètre, sur une largeur égale à 1/3 seulement.

Les règles pratiques données par M. Cavaillé-Coll pour la construction de ces diverses sortes de tuyaux se vérifient avec une exactitude parfaite, aussi bien que celles qu'il a données pour la construction des tuyaux harmoniques. Cette dernière consiste, selon qu'on veut avoir le premier, le deuxième ou le troisième harmonique, à prendre deux, trois, quatre fois la longueur d'onde, à retrancher sur cette longueur totale 5/3 du diamètre, on a ainsi la longueur exacte du corps des tuyaux. On prend ensuite, à partir du bout ouvert, une distance égale à la longueur d'onde, et on perce en ce point un très-petit trou qui suffit pour faire sortir le son harmonique voulu, si d'ailleurs la hauteur de la bouche correspond au son que l'on doit avoir.

Toutes ces règles pratiques permettent d'arriver, de la façon la plus sûre et la plus rapide, à un accord satisfaisant pour tous les jeux, et l'exactitude de ces divers moyens est vérifiée par la pratique quotidienne des ateliers de M. Cavaillé-Coll. Indépendamment des expériences faites devant le Conseil de la Société, en séance publique, votre rapporteur a suivi l'application de ces principes à la mise au ton de l'orgue de l'Opéra, lors de la réforme du diapason, et il a pu constater que les tuyaux coupés par un simple apprenti étaient sensiblement d'accord, et n'avaient à subir, pour la mise en harmonie, qu'un travail d'égalisation rapide exécuté par une main habile.

C'est par l'emploi de ces divers moyens, joints à ceux déjà en usage, que
M. Cavaillé est arrivé à donner aux jeux de l'orgue de Saint-Sulpice cette
égalité et cette bonne harmonie qui le caractérisent. L'emploi d'une soufflerie
considérable, dont les divers organes sont distribués dans les différents
étages de l'orgue, permet de satisfaire à toutes les exigences de l'exécution.
Cette soufflerie, composée de six grands réservoirs alimentaires et de
treize réservoirs régulateurs placés sous les sommiers, contient, en effet,
30,000 litres d'air, et est alimentée par cinq couples de pompes pouvant
en fournir 500 litres par seconde.

Ce n'est pas seulement dans la partie acoustique de l'orgue que M. Cavaillé
s'est distingué. C'est surtout dans la partie mécanique que nous voyons figu-
rer pour la première fois une innovation hardie dont le succès ne pouvait
être constaté que par une expérience journalière d'une durée suffisante;
nous voulons parler des nouveaux *moteurs pneumatiques* à l'aide desquels
se produit, dans l'orgue de Saint-Sulpice, le mouvement des registres. Lorsque M. Cavaillé fut chargé de la reconstruction de cet instrument, il résolut
de déplacer le clavier enfoui sous le buffet d'orgue, et d'obtenir, en suppri-
mant le buffet du positif, la place nécessaire pour disposer en avant de
l'instrument un de ces systèmes de clavier en console, d'où l'organiste a le
double avantage d'entendre ce qu'il exécute et de voir ce que les besoins
du service divin lui imposent de faire. Le résultat eût été plus complet à ce
dernier point de vue si des exigences architecturales sur lesquelles il ne nous
est pas permis de nous prononcer n'eussent déterminé, jusqu'à présent, le
maintien de l'enveloppe extérieure appartenant à l'ancien buffet de positif.
Quoi qu'il en soit, l'installation du meuble des claviers présentait des difficultés de tout genre. Comment, en effet, disposer à portée de l'organiste
cent registres de tirage, et en outre trouver, tant dans l'intérieur du meuble
que sous l'épaisseur du plancher, la place de toutes les transmissions correspondant aux cinq claviers, aux cent dix-huit registres, aux vingt pédales de
combinaison que l'orgue devait présenter? De toutes ces difficultés, la plus
grande était de mettre les registres à portée de l'organiste sans masquer la
partie supérieure des claviers, qui devait rester libre dans toute son étendue.
Pour vaincre cette difficulté, M. Cavaillé a imaginé d'appliquer au mouvement des registres un principe analogue à celui du levier pneumatique,
inventé par M. Barker pour alléger la résistance des claviers. Le mécanisme
Barker consiste dans l'emploi d'un soufflet moteur interposé entre la touche
et la soupape que le doigt de l'organiste posé sur la touche doit faire mou-

voir, afin de faire parler telle ou telle série de tuyaux. Ce soufflet, mis en relation avec la soufflerie par un porte-vent et une soupape spéciale sur laquelle agit la touche, se gonfle et exerce un effort suffisant pour vaincre la résistance de la soupape placée dans le sommier. Ce n'est donc pas sur cette soupape à large surface que s'exerce l'effort du doigt de l'organiste, mais bien sur la petite soupape alimentaire placée dans le soufflet moteur.

Chaque touche du clavier a ainsi son soufflet moteur placé quelque part, et l'ensemble de tous ces petits moteurs distincts, groupés habilement dans un petit espace, constitue cette machine à laquelle, malgré les perfectionnements que M. Cavaillé y a apportés, on a conservé avec raison le nom de machine Barker. Il est bien évident qu'en interposant un organe analogue entre le bouton de registre sur lequel l'organiste agit, et le registre qu'il doit déplacer, malgré des frottements considérables, on réduira considérablement la part du travail mécanique réservée à l'organiste, en empruntant ce même travail aux dépens de la soufflerie, c'est-à-dire à la force physique du souffleur. C'est là une pensée éminemment heureuse que de soulager l'organiste de tout le travail que l'on peut, sans inconvénient, mettre à la charge d'un manœuvre, et de réduire, autant que possible, ses efforts à ce qui est du domaine de l'art.

Cette pensée a dû germer dans la tête de plus d'un facteur, et l'application d'une double machine Barker, l'une pour tirer, l'autre pour pousser les registres, était trop naturellement indiquée pour ne pas avoir été proposée ou tentée par divers facteurs. Il a été fait à ce sujet divers essais en Angleterre par M. Hill et M. Willis. M. Martin, de Provins, a également proposé, dans un brevet, l'application du levier pneumatique au mouvement des registres; mais ce qui appartient à M. Cavaillé, c'est d'avoir réalisé cette pensée au moyen d'un moteur à double effet, d'une disposition spéciale, approprié de la façon la plus heureuse au service de l'orgue et au mouvement des registres, c'est de ne pas être resté dans le domaine des projets ou des épreuves imparfaites, et d'avoir fait de son procédé personnel une expérience sérieuse et décisive. Nous croyons donc que, malgré les prétentions soulevées à cet égard, il n'existe, entre les moteurs pneumatiques de M. Cavaillé et la machine Barker appliquée au clavier, aucun intermédiaire dont il y ait lieu de tenir compte.

L'appareil de M. Cavaillé se compose d'une boîte ou laie horizontale divisée en trois compartiments par deux cloisons intermédiaires. Au-dessus et au-dessous de cette laie sont deux petits réservoirs à plis parallèles dont les tables sont solidaires, de telle sorte que l'un d'eux ne peut s'ouvrir sans que l'autre se ferme, et réciproquement. Des trois compartiments de la laie, le compartiment intermédiaire communique seul avec la soufflerie, les compartiments extrêmes communiquent avec l'air extérieur ou avec l'un des deux réservoirs. Une tige horizontale traverse la laie de part en part dans le sens perpendiculaire aux cloisons et passe à travers quatre ouvertures pratiquées sur les parois des divers compartiments et situées sur une même ligne droite. Cette tige porte quatre bouchons coniques ou soupapes, dont deux à l'intérieur du compartiment central et deux au dehors des compartiments extrêmes. Ces bouchons sont réglés de telle sorte que, quand la tige est poussée à fond dans un sens, le vent passe du compartiment intermédiaire dans l'un des compartiments extrêmes, et de là dans le premier réservoir, tandis que l'autre communique avec l'air par le deuxième compartiment extrême; quand la tige est poussée à fond dans l'autre sens, c'est le deuxième réservoir qui reçoit le vent et le premier qui le perd. Un système de levier articulé transmet l'action du moteur au registre, et un système de tringles de tirage transmet l'action du bouton de registre à la tige qui porte les soupapes.

Il résulte de là un certain nombre d'avantages que nous allons énumérer : d'abord la course des boutons de registre est réduite à 2 ou 3 centimètres, puisque le travail mécanique qu'ils ont à effectuer est très-faible; secondement, au lieu de ces pièces résistantes et d'une forte section qui transmettent l'action de la main de l'organiste aux registres, on n'a plus besoin que de minces vergettes de bois, sortes de rubans flexibles contre-tendus par des ressorts, qui, en raison de leur faible section, se groupent en faisceaux étroits, et passent facilement à travers les interstices de l'orgue. Aussi M. Cavaillé a-t-il pu maintenir dans des limites raisonnables les dimensions du meuble de clavier, et disposer les cent dix-huit boutons de registre qu'il présente sur cinq rangées étagées concentriquement en amphithéâtre sur deux quarts de cercle placés à droite et à gauche, à portée de la main de l'organiste. Quant aux moteurs eux-mêmes, dont le nombre est égal à celui des registres, M. Cavaillé les a groupés en séries correspondantes à chaque sommier, et disposés à l'étage immédiatement inférieur, de façon à rendre leur action aussi directe que possible. De plus, le porte-vent qui amène l'air comprimé dans une même série de moteurs correspondant à un même clavier est muni d'une soupape d'admission que l'on ouvre ou que l'on ferme à l'aide d'un bouton de registre spécial. Cette disposition, qui a pour but

d'éviter les pertes inévitables de vent qui pourraient se produire par les soupapes des moteurs, a l'avantage de fournir un système de registre de combinaison tout à fait nouveau dans l'orgue. En effet, quand le vent n'est pas
admis dans les moteurs, on peut manœuvrer impunément les boutons des
registres ; les soufflets moteurs conservent leur position, et le registre ne fait
aucun mouvement. Mais vient-on à tirer le registre de combinaison qui
lance le vent dans les séries des moteurs, immédiatement tous ceux dont les
boutons sont tirés fonctionnent pour ouvrir les registres correspondants, si
ceux-ci ne le sont pas encore ; et ceux dont les boutons sont repoussés exé-
cutent la manœuvre inverse, si les registres correspondants ne sont pas fer-
més. On peut donc, quand un certain nombre de jeux fonctionnent dans
l'orgue, refermer les boutons de combinaison, puis repousser les registres
tirés et en tirer d'autres, de manière à préparer une combinaison nouvelle
de jeux ; l'ancienne combinaison continue à fonctionner tant que les boutons
des registres de combinaison ne sont pas tirés ; mais, dès qu'on les tire,
le changement préparé s'opère, et cette substitution, aussi rapide qu'inat-
tendue, se fait à la volonté de l'organiste, par la manœuvre d'un seul registre
à chaque clavier.

Il y a là toute une série de ressources nouvelles offertes aux organistes.
L'habile organiste de Saint-Sulpice, M. Lefébure-Wély, en a fait ressortir
tous les avantages aux yeux des comités, avec autant d'empressement que
de talent.

Notre tâche se termine ici, Messieurs, car votre rapporteur n'a pas à vous
rappeler tous les moyens déjà connus, toutes les dispositions ingénieuses que
M. Cavaillé emploie depuis longtemps dans ses orgues, et qui ont donné à
tous ses travaux un caractère de supériorité incontestable. Cependant nous
croyons, avant de conclure, devoir encore attirer votre attention sur les difficultés considérables que présentait à M. Cavaillé un buffet dont la disposition est aussi peu favorable que possible à la libre émission des sons. On ne
peut s'empêcher, en voyant la multiplicité des jeux de cet orgue, leur puis-
sante articulation, de regretter qu'un si bel instrument soit étouffé dans un
meuble fermé qui ne laisse issue aux ondes sonores que par les faibles interstices des tuyaux de la montre. D'épais entablements, des frises surbaissées,
d'énormes colonnes à large base, à vaste chapiteau, et jusqu'à des statues
gigantesques groupées comme à dessein devant la base conique des tuyaux
de montre, là où le son a un peu plus d'espace pour sortir ; tout, dans la
décoration extérieure de cet orgue, semble avoir été conçu dans le but de

nuire, autant que possible, à l'effet acoustique de l'instrument. C'est donc un mérite de plus, de la part de M. Cavaillé, d'avoir triomphé sur un terrain aussi ingrat. Votre rapporteur a été témoin, comme membre de la commission chargée de surveiller la restauration de l'orgue de Saint-Sulpice, des efforts tentés par ce facteur pour obtenir que l'architecture du buffet fût améliorée au point de vue acoustique; mais on a craint de toucher en quoi que ce soit à l'œuvre peu heureuse de l'architecte Chalgrin.

Il était difficile de mieux justifier ce que don Bedos écrivait il y a près d'un siècle, dans son célèbre Traité :

« Lorsqu'on veut, dit-il, faire construire un orgue, on est dans l'usage, surtout en certaines villes, de s'adresser premièrement à un architecte, que l'on charge de construire la tribune, de donner le dessin de l'orgue, d'en faire faire les buffets et de les mettre en place. On appelle ensuite un facteur d'orgues qui, malgré un nombre d'inconvénients qu'il trouve dans un local déjà fait et auxquels il n'est pas possible de remédier, du moins sans dépense souvent importante, est obligé de construire l'instrument le moins mal qu'il peut, selon la disposition et les dimensions qu'il a plu à l'architecte de donner au local et au buffet. »

Ces paroles sont malheureusement encore vraies de nos jours, et, si vos comités insistent sur ce point, c'est qu'ils ont pu s'assurer, dans l'orgue de Saint-Sulpice, de tout le préjudice porté à l'art musical par les exigences de l'architecture, toutes les fois que les architectes n'ont pas le courage, j'allais presque dire le bon sens, de subordonner, dans le plus merveilleux des instruments de musique, l'élément décoratif à l'élément acoustique.

En résumé, Messieurs, vos comités n'hésitent pas à reconnaître que l'orgue de Saint-Sulpice est un chef-d'œuvre de dispositions intérieures, un modèle sous le rapport de la puissance de la distinction et de la variété des timbres. Dans cet immense travail, toutes les difficultés ont été vaincues avec autant d'habileté que de bonheur. Vos comités sont heureux que cette belle création leur ait permis de rendre une seconde fois hommage au talent bien connu d'un artiste qui porte si haut la réputation de la facture française. Ils vous proposent donc :

1° D'adresser à M. Aristide Cavaillé les félicitations du Conseil pour son beau travail, et de le remercier de ses intéressantes communications ;

2° D'insérer le présent rapport au *Bulletin*, avec la description détaillée et les dessins de l'orgue de Saint-Sulpice.

Approuvé en séance, le 15 juillet 1863.

Signé LISSAJOUS, *rapporteur.*

LÉGENDE EXPLICATIVE DES PLANCHES 310, 311, 312 et 313 REPRÉSENTANT LE GRAND ORGUE DE SAINT-SULPICE RECONSTRUIT PAR M. A. CAVAILLÉ-COLL.

Dans cette description on n'a indiqué que les parties les plus importantes du mécanisme et des organes.

Les lettres d'une planche n'ont aucun rapport de désignation avec celles d'une autre planche ; enfin l'échelle est la même pour les planches 311, 312, 313, et se trouve sur la planche 312.

Planche 310.

Cette planche contient le squelette des différents plans de l'orgue pris au niveau de chaque étage.

Fig. 1. Plan partiel de l'orgue, pris au niveau du plancher de la tribune.

Fig. 2. Plan partiel du premier étage, où se trouve le mécanisme du grand chœur, du grand orgue et des pédales.

Fig. 3. Plan partiel du deuxième étage, où sont placés les sommiers du grand chœur, du grand orgue et des pédales.

Fig. 4. Plan partiel du troisième étage, où est installé le mécanisme du positif et des bombardes.

Fig. 5. Plan partiel du quatrième étage, renfermant les sommiers du positif et des bombardes.

Fig. 6. Plan partiel du cinquième étage, où se trouvent le mécanisme du récit expressif et celui du sommier de la trompette à forte pression.

Fig. 7. Plan du sixième étage contenant les sommiers du grand récit expressif.

Fig. 1 et 2. A, plan du meuble où sont placés les cinq claviers et le pédalier de l'instrument ; ces cinq claviers sont disposés en retraite les uns au-dessus des autres.

Ce plan indique également les boutons de registres au nombre de 118, et dont l'agencement amphithéâtral les met plus facilement à portée des mains de l'organiste ; les têtes de ces boutons sont, d'ailleurs, coloriées par séries de différentes nuances, ce qui en facilite encore la recherche.

B, siége permettant à l'artiste de se placer au centre des claviers, d'où il peut faire mouvoir tout le mécanisme de l'instrument.

Fig. 1. C, section horizontale de l'un des quatre grands réservoirs à air placés à la base de l'orgue.

D, sommier spécial pour la grosse flûte de 16 pieds de la pédale, dont les tuyaux sont placés horizontalement.

E, demi-plan de la machine pneumatique du premier clavier, où viennent s'accoupler les autres claviers séparément ou en combinaisons variées.

E', têtes des pédales motrices sur lesquelles agissent les souffleurs.

Fig. 2. F, demi-plan de la machine spéciale du premier clavier correspondant au grand chœur.

G, demi-plan de la machine spéciale du deuxième clavier du grand orgue.

H H, appareil des nouveaux moteurs pneumatiques pour le tirage des registres du grand orgue et du grand chœur.

I I, mécanisme des moteurs pneumatiques des registres de la pédale.

K K, mécanisme des leviers pneumatiques de la pédale.

L, L, sommiers de pédales, côté de l'ut.

Fig. 3. M, M, sommiers du grand orgue et du grand chœur, côté de l'ut dièse.

N, N, sommiers de pédales, côté de l'ut dièse.

O, O, O, etc., sections horizontales des grands tuyaux de la basse principale de 32 pieds; on en voit une pareille série, figure 4.

O', demi-plan d'un réservoir d'air à forte pression, destiné à alimenter les moteurs pneumatiques des claviers et des registres.

Fig. 4. P, demi-plan de la machine pneumatique du troisième clavier de bombardes.

Q, demi-plan de la machine pneumatique du quatrième clavier du positif.

R R, appareil des moteurs pneumatiques des registres du clavier de bombardes.

S S, mécanisme des moteurs pneumatiques du positif.

T, sections horizontales des colonnes du buffet, également visibles, fig. 3.

U, sections horizontales des tuyaux de montre.

V, piédestaux des statues placées au devant des tuyaux (1).

Fig. 5. W, W, sommiers de bombardes, côté de l'ut dièse.

X, X, sommiers du positif, côté de l'ut dièse.

Fig. 6. Y, demi-plan de la machine pneumatique du clavier de récit.

Z Z, appareil des moteurs pneumatiques pour les registres du récit.

a, moitié du sommier de la trompette à forte pression.

b, régulateur de pression de cette trompette.

c, régulateur de pression du clavier de bombardes.

Fig. 7. *d, d, d*, sommiers du grand récit expressif.

e e' e' e, contour de la boîte expressive à double paroi.

e' e', division des lames de la jalousie mécanique.

f, f, f, sections horizontales des grands tuyaux du principal de 32 pieds.

g, g, g, g, sections horizontales des grands tuyaux de la bombarde de 32 pieds.

Planche 311.

Fig. 1. Section verticale passant par l'axe de l'orgue perpendiculairement à sa largeur, et comprenant la tribune, les premier et second étages.

---

(1) M. Cavaillé-Coll fait remarquer que la seule inspection de ces énormes boiseries suffit pour faire comprendre l'obstacle que cette épaisse muraille de bois oppose à la libre propagation des sons de l'instrument.

Fig. 2. Demi-section verticale des mêmes étages passant également par l'axe, mais faite par un plan perpendiculaire à celui de la figure 1. Cette demi-section est celle du côté droit en regardant la face extérieure de l'orgue.

Ces deux figures correspondent aux plans des figures 1, 2 et 3 de la planche 310.

A, représente les cinq claviers, le pédalier et leur mécanisme.

Le premier clavier ou clavier inférieur est ce qu'on nomme le clavier du grand chœur ; on peut y accoupler les effets des quatre autres claviers séparément ou suivant toutes les combinaisons possibles ;

Le second clavier, placé immédiatement au-dessus, correspond au grand orgue ;

Le troisième clavier correspond au clavier de bombardes ;

Le quatrième est le clavier du positif ;

Enfin le cinquième est le clavier du récit expressif.

Tous ces claviers sont complets ; ils comprennent l'étendue de quatre octaves et une quinte d'ut à sol, soit 56 notes.

B, clavier de pédales ; il est de forme allemande, et contient deux octaves et demie d'étendue, d'ut à fa (30 notes).

B', mécanisme transmettant le mouvement du pédalier aux machines pneumatiques des sommiers de pédales.

C, C', etc., pédales de combinaisons, disposées au-dessus du pédalier précédent ; elles sont au nombre de vingt.

C'', mécanisme transmettant le mouvement des registres aux moteurs pneumatiques correspondants.

D (fig. 1 et 2), machine pneumatique du premier clavier sur laquelle viennent s'accoupler tous les autres claviers ; elle est désignée par la lettre E sur la figure 1 de la planche 310.

E, machine spéciale du grand chœur, désignée par F sur la figure 2, planche 310.

F, machine spéciale du grand orgue (sur la figure 2, planche 310, elle est désignée par G).

G, G', deux des quatre grands réservoirs de l'intérieur de l'orgue (l'un deux est indiqué en C, figure 1, planche 310).

H, H', leviers articulés ordinaires destinés à maintenir l'égalité d'angle des plis, indispensable à l'égalité de pression qui doit exister dans toutes les positions des réservoirs.

I, I', grands parallélogrammes articulés, reliés deux à deux par une tige transversale se maintenant constamment dans le plan méridien du réservoir et destinés à maintenir le parallélisme des tables mobiles de ces réservoirs. Ce système, dû à M. Cavaillé-Coll, a été appliqué pour la première fois par lui au grand orgue de Saint-Denis, et exposé en 1839.

J, représente l'un des moteurs pneumatiques pour le mouvement des registres du grand orgue (désigné par H, pl. 310, fig. 2).

J′ est l'un des moteurs pneumatiques des registres de la pédale (voir en I, fig. 2, pl. 310).

L'examen de la coupe de l'un de ces appareils indique la double fonction de ce nouveau genre de moteur, qui agit alternativement dans les deux sens, suivant la position des soupapes, comme le fait le piston d'une machine à vapeur.

K K K, système de leviers articulés établis au-dessus des moteurs J (fig. 2, pl. 311), et auxquels sont réunies par des maillons les tables des soufflets moteurs; ces leviers ont à la fois pour fonction de régler le parallélisme de ces tables et de transmettre l'action motrice au registre par l'intermédiaire du levier double K′.

L, sommier du grand orgue (côté de l'ut) divisé en quatre parties.

M est l'un des sommiers de pédales, côté de l'ut (voir N pour le côté de l'ut dièse, fig. 3, pl. 310).

M′, petit moteur pneumatique appliqué aux premières notes de la basse pour vaincre la résistance des grandes soupapes.

N, sommier spécial de la pédale de flûte de 16, placée horizontalement dans la base de l'orgue.

O O′, sommier du grand orgue et du grand chœur (désigné par M, fig. 3, pl. 310); O est la laie des jeux de fond du grand orgue; O′ est celle des jeux d'anches composant le grand chœur. Sur cette dernière se trouvent les jeux de mutation, les pleins-jeux et les cornets.

P, escalier conduisant au premier étage.

La ligne ponctuée I, II, qui traverse la partie supérieure de la planche 311 dans toute sa largeur, est une ligne de repère qui se rapporte à la ligne I, II placée au bas de la planche 312.

Planche 312.

Fig. 1. Section verticale faisant suite à celle de la figure 1 de la planche 311 et comprenant les troisième et quatrième étages de l'orgue.

Fig. 2. Demi-section verticale des mêmes étages faisant également suite à celle de la figure 2 de la planche précédente.

Ces deux figures correspondent aux figures 4 et 5 de la planche 310.

A, sommier du positif (désigné par X, fig. 5, pl. 310).

B, sommier de bombardes (voir W sur la fig. 5, pl. 310).

Dans la figure 2, planche 312, B indique le sommier de bombardes du côté de l'ut.

C, machine pneumatique du clavier du positif (c'est Q sur la fig. 4, pl. 310).

D (fig. 1 et 2, pl. 312), machine pneumatique du clavier de bombardes (c'est P sur la fig. 4, pl. 310).

E, appareil des moteurs pneumatiques des registres du positif (voir S, fig. 4, pl. 310).

F, moteurs pneumatiques des registres du clavier de bombardes (voir R, fig. 4, pl. 310).

Les autres détails s'expliquent par leur correspondance avec ceux de la planche 311, en ayant soin d'assembler les deux planches suivant leur ligne commune de repère I, II qui est le repère horizontal.

Pour le repère vertical, les figures 1 des deux planches doivent s'assembler suivant les vergettes de tirage désignées par les chiffres 1-2 ; quant aux figures 2, leur repère vertical se trouve être l'axe vertical même des cadres des deux planches.

Planche 313.

Fig. 1. Section verticale faisant suite à celle de la figure 1 de la planche 312 et comprenant les cinquième et sixième étages.

Fig. 2. Demi-section verticale des mêmes étages, faisant également suite à celle de la figure 2 de la planche précédente.

Ces deux figures correspondent aux figures 6 et 7 de la planche 310.

A, sommiers du récit expressif (il est désigné par $d\,dd$, fig. 7, pl. 310).

B, boîte expressive à double paroi (voir $ee'e'e$, fig. 7, pl. 310).

C, régulateurs de la pression du vent pour l'alimentation du récit expressif.

D, machine pneumatique du clavier de récit (voir Y sur la fig. 6, pl. 310).

E, moteurs pneumatiques des registres du récit expressif (c'est Z sur la fig. 6, pl. 310).

F, sommier de la trompette à forte pression agissant par le clavier de récit (voir a, fig. 6, pl. 310).

G, G', H, H', etc., représentent la partie supérieure des basses de 32 pieds des plus grands jeux de l'orgue, du *principal-basse* de 32 et de la *contre-bombarde*, également de 32 pieds (voir fff et $g\,g\,g$, fig. 7, pl. 310).

Cette planche se superpose à la planche 312 au moyen de la ligne commune de repère horizontal, III, IV, et en mettant en prolongement l'un de l'autre les axes verticaux des cadres de ces deux planches.   (M.)

RÉSUMÉ

DU

RAPPORT LU EN SÉANCE GÉNÉRALE

DU 6 AVRIL 1864.

« M. A. Cavaillé-Coll a acquis depuis longtemps une réputation méritée par ses travaux de facture « d'orgue.

« La reconstruction de l'orgue de Saint-Sulpice a été pour cet habile artiste l'occasion de réunir, dans un « ensemble monumental, tous les perfectionnements dont il a doté la facture moderne.

« Malgré le nombre considérable de jeux, la multiplicité des organes, le développement considérable de la « soufflerie, cet orgue présente dans l'ensemble une simplicité majestueuse et une élégante clarté.

« La partie acoustique de l'instrument se fait remarquer par la variété et la distinction des timbres. L'ingénieuse « disposition des registres, jointe à la multiplicité des pédales de combinaison, crée à l'organiste des ressources « d'exécution inconnues jusqu'à présent.

« Le Conseil, convaincu de la haute valeur des travaux de M. Cavaillé et reconnaissant les efforts qu'il n'a « cessé de faire pour maintenir la facture française au premier rang en Europe, lui décerne une médaille d'or. »

NOTE DES RÉCOMPENSES

décernées à **M. ARISTIDE CAVAILLÉ-COLL** pour les perfectionnements apportés par cet artiste
à la construction des grandes orgues d'église.

1° **Médaille de bronze** par la Société d'encouragement dans sa séance générale du 19 mars 1834.

2° **Médaille d'argent** par le Jury de l'Exposition d'Arras en 1838.

3° **Médaille de bronze** par le Jury de l'Exposition nationale de Paris en 1839, sur le rapport de M. Félix Savart, de l'Institut.

4° **Médaille d'argent,** sa plus forte récompense, par la Société libre des beaux-arts, dans sa séance annuelle du 7 mai 1844, sur le rapport de M. Adrien de Lafage, pour les perfectionnements introduits dans le grand orgue de Saint-Denis.

5° **Médaille d'or** par le Jury de l'Exposition nationale de 1844. (M. Delamorinière, rapporteur.)

6° **Nouvelle médaille d'or** par le Jury de l'Exposition nationale de 1849. (M. le baron Séguier, rapporteur.)

7° **Décoré de la Légion d'honneur** à la suite de cette même Exposition, en 1849.

8° **Médaille d'or** par la Société d'encouragement, dans sa séance générale du 17 mai 1854, sur le rapport de M. F. Calla, pour les perfectionnements apportés à la construction du grand orgue de Saint-Vincent-de-Paul.

9° **Grande médaille d'honneur** par le Jury de l'Exposition universelle de 1855. (Rapporteur M. Fétis, directeur du Conservatoire royal de Belgique.)

10° **Nouvelle médaille d'or** par la Société d'encouragement, dans sa séance générale du 6 avril 1864, pour les perfectionnements apportés par cet artiste dans la facture des orgues et dans la reconstruction du grand orgue de Saint-Sulpice.

DISPOSITION DES CLAVIERS DU GRAND ORGUE DE SAINT-SULPICE

RECONSTRUIT PAR A. CAVAILLÉ-COLL, A PARIS

INAUGURÉ LE 29 AVRIL 1862.

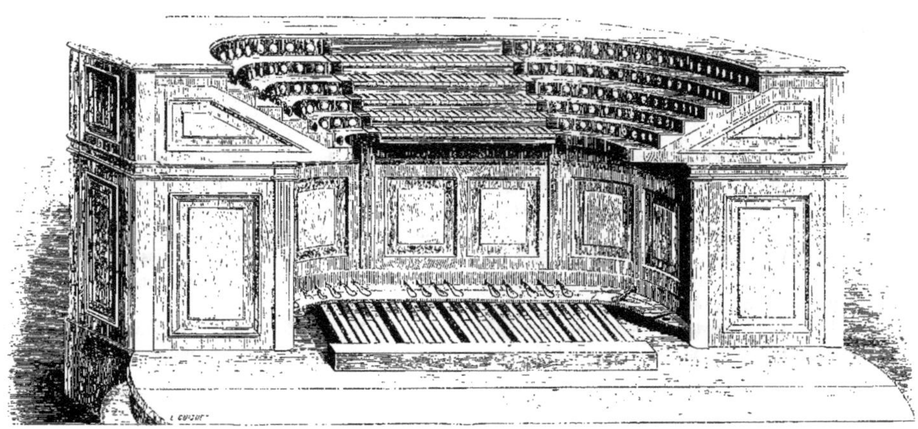

COMPOSITION DES JEUX, DES REGISTRES ET DES PÉDALES DE COMBINAISON.

CLAVIER DE PÉDALE
ou pédalier d'Ut à Fa. 30 notes.

1	Principal Basse	32
2	Contre-Basse.	16
3	Soubasse.	16
4	Flûte.	8
5	Violoncelle.	8
6	Flûte.	4
Jeux de Combinaison.		
7	Clairon	4
8	Ophicléide.	8
9	Trompette.	8
10	Basson	16
11	Bombarde.	16
12	Contre-Bombarde.	32

PREMIER CLAVIER
grand-chœur, d'Ut à Sol. 56 notes.

1	Salicional.	8
2	Octave.	4
3	Grosse Fourniture	4 r
4	Grosse Cymbale.	6 r
5	Plein-jeu.	4 r
6	Cornet.	5 r
7	1re Trompette.	8
8	2e Trompette.	8
9	Clairon.	4
10	Clairon-Doublette	2
11	Basson.	8
12	Basson.	16
13	Bombarde.	16

DEUXIÈME CLAVIER
grand-orgue, d'Ut à Sol. 56 notes.

1	Principal-basse	32-16
2	Montre.	16
3	Bourdon.	16
4	Flûte conique.	16
5	Flûte harmonique.	8
6	Flûte Traversière.	8
7	Montre.	8
8	Bourdon.	8
9	Diapason.	8
10	Flûte à Pavillon.	8
11	Prestant.	4
12	Grosse Quinte.	5 1/3
13	Doublette.	2

TROISIÈME CLAVIER
bombarde, d'Ut à Sol. 56 notes.

1	Soubasse.	16
2	Flûte conique.	16
3	Principal.	8
4	Flûte harmonique.	8
5	Bourdon.	8
6	Gambe.	8
7	Violoncelle.	8
8	Kéraulophone.	8
9	Flûte Octaviante.	4
10	Prestant.	4
Jeux de Combinaison.		
11	Grosse Quinte.	5 1/3
12	Grosse Tierce.	3 1/5
13	Quinte.	2 2/3
14	Octave.	4
15	Octavin	2
16	Cornet.	5 R
17	Trompette.	8
18	Clairon.	4
19	Baryton.	8
20	Bombarde.	16

QUATRIÈME CLAVIER
positif, d'Ut à Sol. 56 notes.

1	Violon Basse.	16
2	Quintaton.	16
3	Quintaton.	8
4	Flûte Traversière.	8
5	Salicional.	8
6	Viole de Gambe.	8
7	Unda Maris.	8
8	Flûte douce.	4
9	Flûte Octaviante.	4
10	Dulciana.	4
Jeux de Combinaison.		
11	Quinte.	2 2/3
12	Doublette.	2
13	Plein jeu harm.	3-6
14	Tierce.	1 3/5
15	Larigot.	1 1/3
16	Piccolo.	1
17	Trompette.	8
18	Clarinette.	8
19	Clairon.	4
20	Euphone.	16

CINQUIÈME CLAVIER
récit exp., d'Ut à Sol. 56 notes.

1	Quintaton.	16
2	Bourdon.	8
3	Violoncelle.	8
4	Prestant.	4
5	Doublette.	2
6	Fourniture.	5 R
7	Cymbale.	5 R
8	Basson et Hautbois	8
9	Voix humaine.	8
10	Cromorne.	8
11	Cor Anglais.	16
12	Voix Céleste.	8
Jeux de Combinaison.		
13	Flûte harmonique.	8
14	Flûte Octaviante	4
15	Dulciana.	4
16	Nazard.	2 2/3
17	Octavin.	2
18	Cornet 5 Rangs.	8
19	Trompette.	8
20	Trompette harm.	8
21	Bombarde.	16
22	Clairon.	4

RÉSUMÉ.

100 jeux. — 118 registres. — 20 pédales de combinaison et 6.706 tuyaux.

PÉDALES DE COMBINAISON.

1	Orage.
2	Tirasse Grand-Chœur.
3	Tirasse Grand-Orgue.
4	Anches Pédale.
5	Octaves Grand-Chœur.
6	Octaves Grand-Orgue.
7	Octaves Bombardes.
8	Octaves Positif.
9	Octaves Récit.
10	Anches Grand-Orgue.
11	Anches Bombardes.
12	Anches Positif.
13	Anches Récit.
14	Copula Grand-Chœur.
15	Copula Grand-Orgue.
16	Copula Bombardes.
17	Copula Positif.
18	Copula Récit.
19	Tremblant.
20	Expression.

REGISTRES DE COMBIN.

1	Combinaison Pédale.	G.
2	— Grand-Orgue.	G.
3	— Bombardes.	G.
4	— Positif.	G.
5	— Récit.	G.
6	Combinaison Pédale.	D.
7	— Grand-Orgue.	D.
8	— Bombarde.	D.
9	— Positif.	D.
10	— Récit.	D.

REGISTRES ACCESSOIRES.

1	Sonnette du Haut.	G.
2	Sonnette du Bas.	G.
3	Sonnette du Haut.	D.
4	Sonnette du Bas.	D.

DÉCORATION EXTÉRIEURE EN PERSPECTIVE

DU GRAND ORGUE DE L'ÉGLISE SAINT-SULPICE, A PARIS

Reconstruit par Aristide Cavaillé-Coll

INAUGURÉ LE 29 AVRIL 1862.

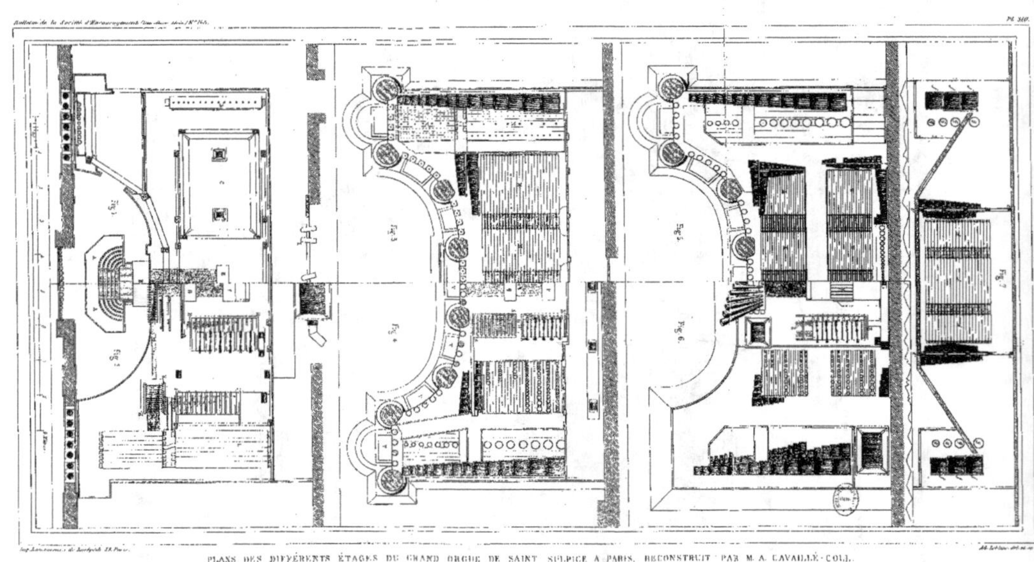

PLANS DES DIFFÉRENTS ÉTAGES DU GRAND ORGUE DE SAINT SULPICE A PARIS, RECONSTRUIT PAR M. A. CAVAILLÉ-COLL.

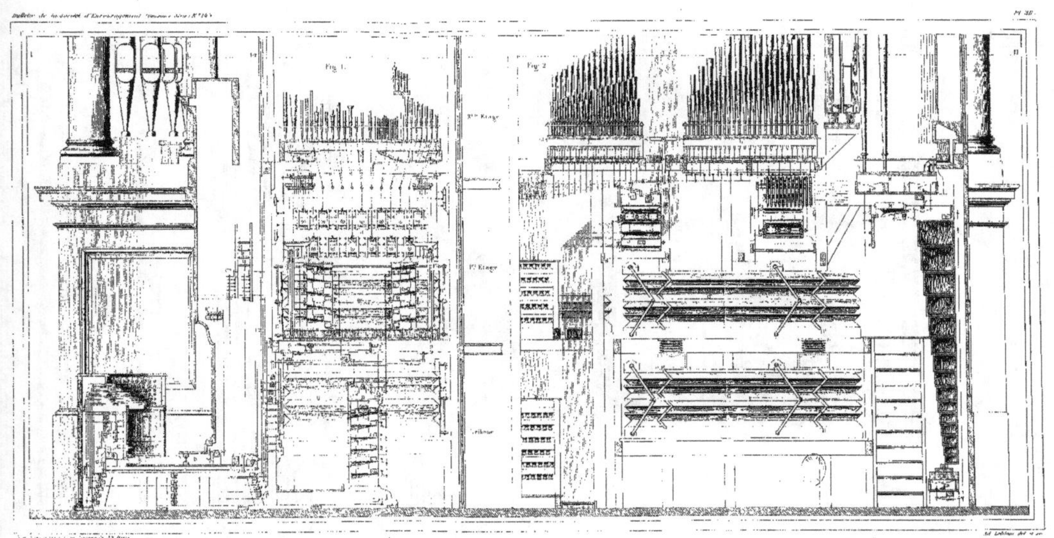

SECTIONS VERTICALES DE LA TRIBUNE ET DES 1er ET 2me ÉTAGES DU GRAND ORGUE DE St SULPICE A PARIS, RECONSTRUIT PAR M. A. CAVAILLÉ-COLL

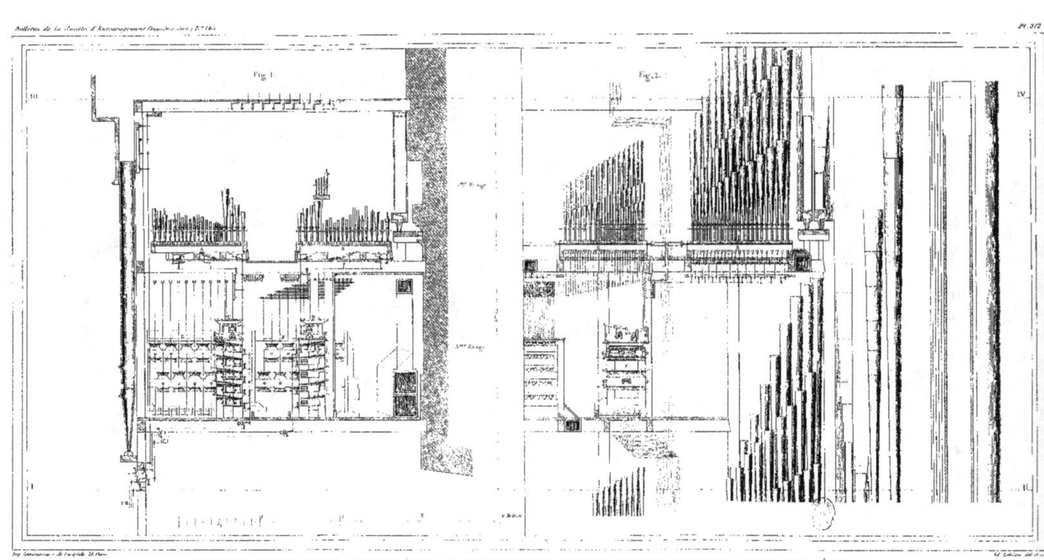

SECTIONS VERTICALES DES 3ᵐᵉ ET 4ᵐᵉ ÉTAGES DU GRAND ORGUE DE Sᵗ SULPICE A PARIS, RECONSTRUIT PAR M. A. CAVAILLÉ-COLL.

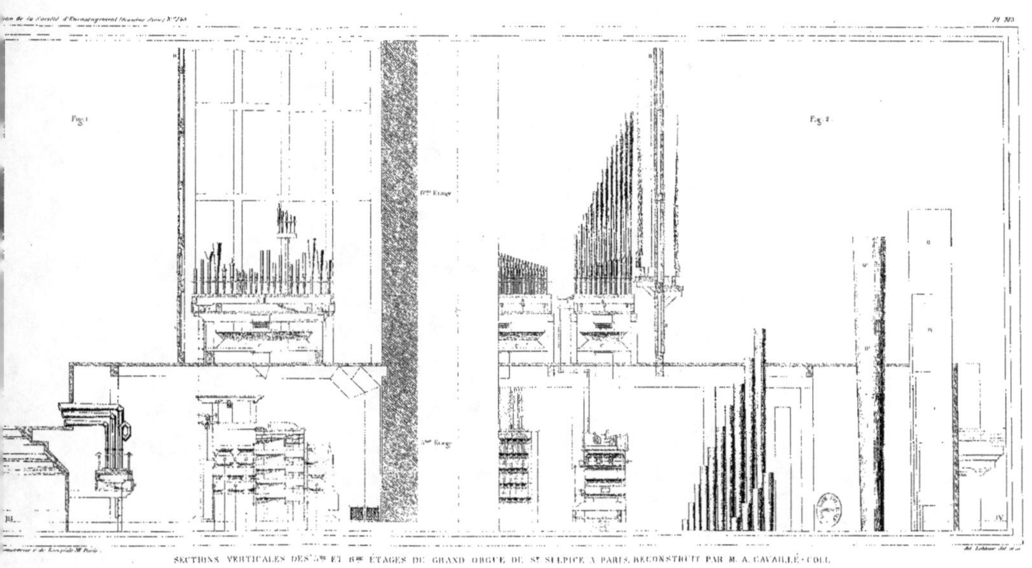

SECTIONS VERTICALES DES 5.me ET 6.me ÉTAGES DU GRAND ORGUE DE St SULPICE A PARIS, RECONSTRUIT PAR M. A. CAVAILLÉ-COLL.